Pequeñas Estrellas

El patinaje sobre hielo de las pequeñas estrellas

Un libro de El Semillero de Crabtree

Taylor Farley y Pablo de la Vega

CRABTREE
PUBLISHING COMPANY
WWW.CRABTREEBOOKS.COM

¡Puedo patinar sobre hielo!

Fii
câștig
cu
merge mai ușor cu Visa

Puedo patinar en la **pista de hielo**.

Mis patines tienen **cuchillas** de metal.

cuchilla

Las cuchillas hacen más fácil moverse sobre el hielo.

Extiendo mis brazos para ayudarme a mantener el **equilibrio**.

Me impulso con un pie
y luego con el otro.

Me gusta hacer ***dips***.

Me gusta hacer **ángeles**.

A veces me caigo.